NOTICE NÉCROLOGIQUE

SUR

M. L'ABBÉ P.-T. LACHOT

CURÉ D'ASNAN.

NEVERS,
IMPRIMERIE FAY, G. VALLIÈRE, SUCCESSEUR,
Rue du Rempart et place de la Halle.

1885

NOTICE NÉCROLOGIQUE

SUR

M. L'ABBÉ P.-T. LACHOT

CURÉ D'ASNAN.

C'est un touchant spectacle que celui d'une paroisse chrétienne réunie tout entière pour rendre les derniers devoirs à son pasteur et mêlant dans un pieux recueillement ses prières et ses larmes. Qu'il est beau et consolant de voir toute une population, dans une commune douleur, s'associer aux gémissements et aux supplications de l'Eglise, et par son affluence faire d'une cérémonie funèbre comme un magnifique triomphe à celui qui en est l'objet !

Tel est le spectacle qu'offrait, le vendredi 11 de ce mois, l'église d'Asnan, à l'occasion des funérailles de M. l'abbé Lachot, enlevé prématurément à l'affection de ses paroissiens. Tous, hommes, femmes, enfants, avaient tenu à honneur de se réunir autour de la dépouille mortelle de leur pasteur et de lui donner, dans cette circonstance, un dernier témoignage de leur estime et de leur vénération. Les fidèles des paroisses voisines, s'associant à cette douleur, étaient accourus en foule à cette triste cérémonie ; en sorte que la vaste nef de l'église, qui ce jour-là avait revêtu ses ornements lugubres, pouvait à peine contenir la nombreuse assistance. C'est que la paroisse d'Asnan n'était pas seule en deuil ; si celle-ci pleurait son pasteur, celle de Germenay pleurait un de ses enfants les plus estimés et le diocèse de Nevers l'un de ses prêtres les plus méritants.

Né à Germenay, dans cette pépinière des vocations sacerdotales, le 7 janvier 1852, M. l'abbé Lachot avait été ordonné prêtre le 29 juin 1876. Après son ordination, il fut envoyé comme vicaire à Saint-Jacques de Cosne, où son zèle lui fit contracter les premiers germes de la maladie qui vient de le ravir à sa paroisse, à son diocèse et à sa famille. Nommé curé de Langeron en 1879, il quitta cette paroisse au mois de juin 1884 pour venir prendre possession de celle d'Asnan. Dans ces divers postes, sans parler de ses qualités aimables et de ses vertus précieuses, il se fit remarquer par le sérieux de son caractère, la prudence de son zèle, la sûreté de sa doctrine et la maturité de son jugement. Aussi les habitants d'Asnan qui, dès le principe, avaient su apprécier ces qualités, étaient-ils unanimes à les proclamer. Justement fiers de leur pasteur et heureux de le posséder, ils se flattaient de le conserver longtemps parmi eux, toujours entouré de leur respect, de leur estime et de leur affection. Leur joie et leur bonheur ne devaient pas être de longue durée. Après un ministère qui n'a pas atteint dix-huit mois, à Asnan, l'abbé Lachot rendait son âme à Dieu le matin du jour de l'Immaculée Conception. Mais la mort, en brisant toutes ces espérances, n'a pu rompre les liens qui attachaient la paroisse à son pasteur. Elle n'a fait, au contraire, que les resserrer davantage. Les habitants d'Asnan ont donné, dans cette circonstance, un exemple bien rare aujourd'hui et une preuve bien évidente de l'affection sincère qu'ils avaient vouée à leur excellent curé. Sa famille avait résolu de faire inhumer les restes de l'abbé Lachot dans le cimetière de sa paroisse natale, auprès des cendres de ses parents défunts et à proximité de ses parents vivants. C'est alors qu'on a vu le spectacle touchant d'une paroisse tout entière disputant à la famille du défunt l'honneur de posséder dans son sein la dépouille mortelle de son pasteur vénéré. Devant le refus ou les hésitations de la famille, la municipalité d'Asnan, par une démarche qui l'honore, a protesté au nom de toute la paroisse et déclaré formellement qu'elle ne consentirait jamais à laisser transporter ailleurs les restes de son curé. En face de ces manifestations, la famille a cru devoir céder, et nous l'en félicitons. C'est ainsi que la cérémonie funèbre s'est accomplie dans la paroisse d'Asnan où, malgré la rigueur de la saison, vingt-six prêtres, parmi lesquels nous nous contenterons de citer: M. l'abbé Cointe, chanoine titulaire et vicaire général de Nevers, et MM. les doyens de Brinon et de Tannay, se trouvaient réunis autour de la dépouille mortelle de l'abbé Lachot.

La cérémonie était présidée par M. le doyen de Brinon ; à ses côtés, M. le curé de Chalaux et M. le vicaire de Saint-Agnan de Cosne, tous les deux compatriotes du défunt, remplissaient les fonctions de diacre et de sous-diacre.

Le corps était porté par les membres du conseil municipal, qui avaient tenu à honneur de rendre ce dernier devoir à leur pasteur bien-aimé., et les cordons du poêle tenus par MM. Ranvier, maire d'Asnan ; Nantier, adjoint ; Dubois, notaire, et le docteur Cointe qui, pendant la maladie de M. l'abbé Lachot, lui avait prodigué les soins les plus dévoués et les plus intelligents.

Après la messe, M. l'abbé Cointe, vicaire général, est monté en chaire et, dans une touchante allocution, a retracé la vie et les vertus de l'abbé Lachot. Sa parole, qui trahissait visiblement son émotion, a produit une vive impression sur l'auditoire, et les moins sensibles n'ont pu retenir leurs larmes. Le discours de M. l'abbé Cointe est de ceux qu'on ne doit pas déflorer par une froide analyse, et nous sommes heureux de pouvoir le reproduire intégralement.

« Bons habitants d'Asnan, ah ! que les temps sont changés ! Il y a à peine dix-sept mois, votre paroisse était en fête, l'allégresse était dans tous les cœurs, la joie peinte sur tous les visages : un pasteur selon le cœur de Dieu, et aussi selon vos désirs, arrivait au milieu de vous et mettait fin, par sa présence, au veuvage de votre église : alors vous étiez au comble de vos vœux. Aujourd'hui, quel contraste ! la tristesse est dans toutes les âmes ; il y a des larmes dans tous les yeux, c'est un deuil public. C'est que vous comprenez combien est grand le malheur qui vous frappe dans la mort de votre saint curé, M. l'abbé Théodore Lachot.

» Son séjour au milieu de vous a été d'une courte durée, mais suffisant pour que vous ayez pu apprécier les qualités de sa belle intelligence et de son noble cœur. Le souvenir de ses vertus vous restera comme un encouragement à vos devoirs ; son passage au milieu de vous laissera comme un sillon de lumière qui vous montrera le chemin que vous devrez suivre pour arriver à ce bonheur du ciel vers lequel il s'efforçait de faire monter vos aspirations.

» M. l'abbé Lachot nous est enlevé à la fleur de l'âge. Une mort si prématurée me remet en mémoire ces paroles de nos livres saints parlant du juste : *Consummatus in brevi explevit tempora multa.* Quoique n'ayant vécu que peu de temps, le juste a rempli une longue carrière. Ne puis-je pas appliquer ces paroles à notre cher défunt ? Il a vécu peu de temps, oui trop peu de temps pour vous qui le perdez, pour ses parents qui le pleurent, pour ses confrères qui trouvaient en lui un modèle et un exemple, pour l'Eglise dont il était le ministre fidèle et dévoué. Mais comme ce temps a été bien employé! Quelle abondante moisson de mérites recueillis dans une carrière sitôt brisée! *Consummatus in brevi, explevit tempora multa.*

» Que vous dirai-je à sa louange que vous ne connaissiez déjà? puisqu'il est en quelque sorte enfant du pays.

» Interrogez ses condisciples, demandez-leur ce qu'a été l'abbé Lachot dans sa jeunesse, pendant les années passées soit au petit, soit au grand séminaire : ils vous répondront que sa conduite fut toujours celle d'un fervent séminariste. Ce que l'on remarquait déjà en lui, c'était la rectitude du jugement et le sérieux du caractère qui furent toujours ses qualités maîtresses, et que vous avez vues ici dans toute leur maturité. La sainte Ecriture, en nous parlant de Tobie, nous dit que sa conduite n'eut jamais rien de puéril : *Nihil puerile gessit.* Souvent l'Eglise emprunte ces paroles pour en faire l'application aux saints que Dieu avait prévenus, dès leur enfance, de grâces particulières, et qu'il destinait à de grandes choses. Ne pouvons-nous pas les appliquer aussi à M. l'abbé Lachot? La gravité fut toujours sa compagne assidue, l'amour du travail sa grande passion. Sentant qu'il était appelé par Dieu à consacrer sa vie au salut des âmes, tous ses efforts, pendant les jours de sa cléricature, tendaient à acquérir la science et la piété qui devaient assurer plus tard le succès de son ministère.

» Ainsi préparé pour les combats du Seigneur,

l'abbé Lachot quittait le grand séminaire en l'année 1876. La ville de Cosne eut les prémices de sa vie sacerdotale. Les habitants de la paroisse de Saint-Jacques n'ont pas oublié, avec quel zèle, leur nouveau vicaire leur annonçait la parole de Dieu, visitait leurs malades, instruisait leurs enfants ; ils se rappellent encore le concours dévoué qu'il prêta au vénérable curé de la paroisse, à qui l'âge et les infirmités ne permettaient plus de se livrer, comme par le passé, aux labeurs du ministère. Avec l'abbé Lachot, aucune œuvre ne fut en souffrance. Ce fut lui qui eut la douleur de fermer les yeux à son cher curé ; mais auparavant, et pendant sa longue maladie, il n'avait cessé de lui prodiguer ses soins avec une abnégation qui faisait l'admiration de tous ceux qui en étaient les témoins.

» Après trois années de vicariat dans la ville de Cosne, l'abbé Lachot fut nommé curé de Langeron. C'était une paroisse où l'état habituel des habitants était l'indifférence religieuse. Là, le dimanche n'était plus sanctifié, les hommes et même la plupart des femmes ne connaissaient plus le chemin de l'église ; partant plus de pratiques, plus de devoirs religieux, sol ingrat, d'une culture difficile et pour laquelle il fallait un ouvrier intrépide, un de ces ouvriers que l'Apôtre appelle *operarium inconfusibilem*.

» L'administration diocésaine pensa que l'abbé Lachot était l'ouvrier qui convenait à un tel poste ; et lui, ne connaissant que l'obéissance, se rendit aussitôt là où l'appelait la volonté de ses supérieurs.

» Pendant les cinq années qu'il est resté à Langeron, Dieu sait ce qu'il a dépensé d'intelligence, de forces, de zèle pour ramener à la pratique des devoirs religieux ceux dont les âmes lui étaient confiées. Prenant pour règle ces paroles de saint Paul : *Prædica verbum, insta opportune importune* : « Prêchez à temps, à contre-temps, » il n'a jamais cessé d'annoncer la parole de Dieu, quelque restreint que fût le nombre de ses auditeurs ; et il l'a toujours fait dans des instructions substantielles, mûrement préparées et qu'on peut citer comme des modèles et pour le fond, et pour la forme. Dans ses courses pastorales, quand il rencontrait quelques-uns de ces hommes qu'il ne voyait jamais à l'église, il avait toujours pour eux un mot qui leur rappelait leurs devoirs et leurs destinées futures. L'insuccès de ses efforts ne le décourageait pas, car il tenait du même Apôtre que si l'enseignement du prêtre doit être conforme à la doctrine, il doit aussi se donner en toute patience, *in omni patientia et doctrina*.

» Malgré tout, il s'était attaché à la population de Langeron, et ne s'en est éloigné qu'avec regret. Voyait-il déjà poindre les germes de la semence divine qu'il avait jetée dans cette terre ? Il est permis de le croire ; toujours est-il qu'il l'a quittée, en y laissant la réputation d'un saint prêtre.

» Vous ne l'ignoriez pas, voilà pourquoi, mes frères, lorsque M. l'abbé Lachot est arrivé au milieu de vous, vous l'avez accueilli avec de si grandes démonstrations de joie. A vos yeux, il était bien l'envoyé de Dieu, celui qui venait au nom du Seigneur: *Benedictus qui venit in nomine Domini.* Ah ! combien vous étiez heureux en l'entendant parler pour la première fois, du haut de cette chaire, et vous dire que, messager de la paix, il vous apportait des paroles de consolation et de salut ! A-t-il été fidèle à son programme ? Mais tout nous le démontre : ces regrets de toute la paroisse, ces larmes qui tombent de vos yeux, ces sanglots qui s'échappent de vos cœurs témoignent hautement de l'affection et de l'attachement que vous aviez pour celui qui dirigeait vos âmes avec tant de sagesse dans les voies du salut. Vous l'avez vu à l'œuvre : quelle fermeté de principes, quelle sûreté de doctrine, et en même temps quelle prudence pour ne froisser personne, pour concilier tous les intérêts, pour se tenir en dehors de tous les partis qui divisent même les meilleures paroisses. Sa seule ambition était le salut des âmes : pour les sauver, il ne reculait devant aucun sacrifice. La maladie qui avait épuisé ses forces n'avait point ralenti son zèle. Ne l'a-t-on pas vu dans ces derniers temps se traîner péniblement au chevet d'un malade, sans souci pour sa propre vie ? Le concours pourtant si dévoué de deux confrères voisins ne suffisait pas à le rassurer; il craignait toujours que quelque chose fût en souffrance dans la paroisse; il n'a fallu rien moins qu'une parole de son Evêque pour faire cesser ses inquiétudes. Il avait donc bien acquis le droit de dire avec saint Paul: *Ego autem libentissime impendam et super impendar ipse pro animabus vestris :* « Je donnerai très-volontiers ce que j'ai, et je me donnerai encore moi-même pour le salut de vos âmes. »

» Et en effet, à l'exemple du bon Pasteur, n'a-t-il pas donné sa vie pour ses brebis ? Ne l'a-t-il pas usée pour elles, pensant qu'il ne pouvait pas en faire un plus noble usage ? Et quand il a compris qu'elle allait enfin lui échapper, il ne s'est pas pris à la regretter : il a en quelque sorte souri à la mort. Dans une confidence qu'il faisait naguère à un ami, il lui disait : « Tout m'annonce que je vais bientôt mourir ; j'ai trente-trois ans, c'est à cet âge que Notre-Seigneur Jésus-Christ est mort ; il me plaît d'avoir ce trait de ressemblance avec mon Maître. »

» La mort, en effet, est venue le saisir et nous l'enlever. C'était le 8 décembre, fête de l'Immaculée-Conception. N'y a-t-il pas, dans cette date, une mystérieuse coïncidence ? Nous savons que la plupart des pieux serviteurs de Marie ont désiré mourir dans un jour qui lui fût consacré. Qui sait si notre regretté défunt n'a pas formé ce vœu au fond de son cœur ? Ce qui me porterait à le croire, c'est sa tendre dévotion envers Marie Immaculée, dévotion qui s'était encore accrue depuis qu'il était dans cette paroisse, où il avait trouvé, établie depuis plus de trois cents ans, une confrérie sous le vocable de l'Immaculée-Conception.

» Quoi qu'il en soit, mes frères, il nous est permis de dire que la mort de M. l'abbé Lachot a été précieuse devant Dieu. Si elle nous laisse dans la tristesse et la désolation, nous devons croire qu'elle a été pour lui le couronnement d'une vie pleine de mérites.

» Cependant, comme Dieu trouve des taches dans la pureté même des anges, prions-le d'effacer dans l'âme de son serviteur les fautes inséparables de la fragilité humaine, et demandons à la miséricorde divine de l'introduire, au plus tôt, dans le lieu du rafraîchissement, de la lumière et de la paix. Ainsi soit-il. »

Les larmes qui ont accompagné tout ce discours n'étaient pas les premières que versaient les habitants d'Asnan. Depuis que la maladie de l'abbé Lachot, en ne laissant plus d'espoir, faisait présager un prochain dénoûment, elles avaient commencé à couler, en secret peut-être, mais aussi en abondance. Nous aimons à croire que toutes ces larmes seront pour la famille qui le pleure un adoucissement à sa douleur, pour la paroisse qui les verse une source de bénédictions précieuses, et, pour celui qui en est l'objet, un accroissement de bonheur, s'il voit ses paroissiens joindre à leurs prières et à leurs larmes une sainte émulation à marcher toujours dans la voie qu'il leur a tracée, par ses enseignements et par l'exemple de ses vertus.

Elles seront aussi pour celui qui sera appelé à lui succéder un précieux encouragement, en lui faisant comprendre d'avance ce qu'il peut attendre de ses nouveaux paroissiens, s'il sait de son côté s'inspirer des exemples de son prédécesseur et suivre la ligne de conduite qu'il a si bien tracée par sa prudence et son zèle.

Puisque nous avons laissé échapper le mot, disons, à la louange de l'abbé Lachot, quelle était cette *ligne de conduite* qu'il s'était imposée et dont il n'a jamais voulu se départir.

Ce qui, de nos jours, rend particulièrement difficile le ministère du prêtre, ce sont ces divisions regrettables, engendrées par la politique, qui partagent une paroisse en deux camps opposés et établissent entre eux une sorte d'antagonisme toujours préjudiciable au bien des âmes. Cette plaie se glisse un peu partout aujourd'hui, et les paroisses chrétiennes elles-mêmes n'en sont pas toujours exemptes.

Tel était l'état de la paroisse d'Asnan à l'arrivée de l'abbé Lachot. Dans cette situation délicate, un curé doit faire preuve d'une grande prudence unie à une grande fermeté, s'il ne veut froisser personne sans rien sacrifier des principes. Il est si difficile, d'ailleurs, de ne pas se déclarer pour un parti au détriment de l'autre, ou au moins de ne pas laisser deviner ses préférences et de tenir la balance toujours égale.

Pour se prémunir contre cet écueil et observer constamment la plus stricte neutralité en face des partis, l'abbé Lachot s'était imposé comme règle de conduite de se montrer toujours bienveillant et affable pour tous, et d'éviter avec soin les longues conversations qui dégénèrent le plus souvent en critiques et les questions irritantes qui peuvent compromettre les plus habiles. Toujours réservé dans ses paroles, autant que charitable dans ses jugements, il ne permettait à personne de critiquer en sa présence la conduite ou les actes de ses paroissiens, et il savait au besoin imposer silence à ceux qui voulaient entrer dans cette voie. D'un abord facile, d'une humeur toujours égale, il accueillait les uns et les autres avec la même bienveillance, et savait se faire tout à tous, sans jamais rien sacrifier de sa dignité, ni du respect qui était dû à son caractère sacré.

Son naturel grave et sérieux, qui n'excluait point cependant une aimable et franche gaieté, les qualités de l'esprit et du cœur qui brillaient en lui, ne pouvaient manquer de lui concilier l'estime et les sympathies de ses paroissiens. Aussi, malgré son court passage à Asnan, son ministère dans cette paroisse a été fécond, et béni de Dieu ; son éloge, qui est dans toutes les bouches, et les démonstrations dont il a été l'objet au jour de ses funérailles, à défaut d'autres preuves, suffiraient à le démontrer abondamment.

Nous souhaitons à l'Eglise de Dieu et en particulier au diocèse de Nevers beaucoup de prêtres de la trempe de l'abbé Lachot et qui lui ressemblent à la fois par le caractère, l'intelligence et les vertus.

— 14 —

La *Semaine religieuse* du diocèse de Nevers, dans son numéro du 20 décembre, a rendu compte d'un service solennel qui a été célébré, dans l'église de Langeron, pour le repos de l'âme de M. l'abbé Lachot, le lundi 14 du même mois.

L'assistance était très-nombreuse. Tous les prêtres du doyenné de Saint-Pierre et MM. les curés de Magny-Cours et de Mornay s'y trouvaient réunis.

Au cours du service funèbre, M. le doyen de Saint-Pierre-le-Moûtier a prononcé devant un auditoire en larmes une émouvante allocution.

« Durant les cinq années, a-t-il dit en substance, que M. l'abbé Lachot a passées à Langeron, il y a fait un bien vraiment étonnant, malgré des difficultés de tout genre.

» La haute dignité de son caractère, son zèle tout ensemble ardent et discret, s'affirmant autant par le conseil que par l'exemple d'une vie toute de sacrifice, son ineffable sollicitude pour les enfants, les malades, les pauvres, sont restés l'édification et l'entretien constant de ceux dont il fut le pasteur.

» C'est par ce rare ensemble de qualités si admirablement exaltées hier devant un auditoire en larmes par M. le doyen de Saint-Pierre, que M. l'abbé Lachot a répandu autour de lui la bonne odeur de Jésus-Christ, rétabli au sein d'une population, qui semblait l'avoir désapprise, la vénération du prêtre, fortifié les bons, subjugué les mauvais, préparé de magnifiques retours; c'est ainsi qu'il s'est acquis des affections victorieuses de l'absence et du trépas, et qu'il a offert, par ses paroles et ses œuvres, aux âmes désireuses de marcher à la suite du divin Maître une précieuse leçon de sainteté.

Imp. Fay. G. Vallière, succ.

www.ingramcontent.com/pod-product-compliance
Lightning Source LLC
Chambersburg PA
CBHW060443050426
42451CB00014B/3210